AF341912

# ADVERTIS-SEMENT AVX CAtholiques, sur la Bulle de noftre Sainct Pere, touchant l'excommunication de Henry de Valois.

Auec plufieurs exemples des punitions eftranges & merueilleux iugements de Dieu, fur les excommuniez.

*Non ero vltra vobifcum, donec conteratis eum qui huius fceleris reus eft.* Iofué. 7.

Ie ne feray plus auec vous, iufques à ce que vous exterminiez celuy qui eft coulpable de ce peché d'anatheme.



A TROYES.

Par Iean Moreau M. Imprimeur.

M. D. LXXXIX.

AVEC PERMISSION.

# AV LECTEVR.

AMy lecteur, i'ay estimé qu'il seroit fort à propos de reciter icy au lieu d'autre preface, vne belle Epistre de ce grand & ancien personnage S. Basile, qui conuient merueilleusement à nostre Henry de Valois. Car elle contient vne griefue excommunication contre vn mauuais garnement, nommé Philagrius Gouuerneur de Lybie: duquel aussi les histoires Ecclesiastiques & quelques Peres anciés font métion. Et afin de contenter vn chacun, i'ay pensé qu'il estoit expedient de la reciter mot à mot, en latin, & par apres de la traduire en François.

*Sozom. li. 5. hist. trip. c. 28. Nazian. de laud. Athana. & ep. ad solit.*

*Incidi in sanctitatis tuæ literas, in quibus aduersus Lybiæ præfectum virum infamem ingemuisti. deploramus quidem patriam nostram, quod talium malorum & mater est ac nutrix : deploramus verò & Lybiam nostræ ad magnū vicinam, quod malorum nostrorum particeps facta ferinisque viri huius moribus trædita est, qui à pueris crudelitati pariter & lasciuiæ assueuit. Hoc scilicet erat quod sapienter dixit Ecclesiastes, Væ tibi ciuitas, cuius rex iunior est, & cuius principes non comedunt noctu, sed in ipsa meridiæ lasciuiunt, post alienos thoros plusquam irrationales bestiæ insanientes. Itaque illum quidem flagella manent apud iustum iudicem ad eandem mensuram cōmensurata, iuxta quam ipse iam antea sanctos ipsius as-*

*Epistola 47. d. Basilij magni ad magnū Athanasiū.*

*Eccl. 10.*

*A ij*

*fligere præsumpsit . Innotuit autem & Ecclesiæ nostræ ex literis pietatis tuæ : atque auersandum & execrabilem illum arbitrabuntur omnes , ita vt nec ignis nec aquæ, nec tecti cōmunionem cum illo sint habituri; siquidem prodest vt violenti isti tyranni communi & vnanimi iudicio condemnentur. Sufficiet autem ipsi damnationis titulus, & ipse sententia quibus vndique condemnabitur. Neque enim omittemus quo minus condemnationem istam omnibus ipsius & familiaribus amicis atque aduenis ostendamus, Quòd si verò non statim illum istæ reprehensiones, quemadmodum & Pharaonem permouebunt , attamen postremam aliquando , & grauem illi ac tristem retributionem afferet.*

Traductiō de l'Epistre 47. de S. Basille au grand Athanase.

Les lettres de voftre fainέteté me font tōbees entre les mains , efquelles vous vous plaignez fort du gouuerneur de Lybie , homme trefmechāt & infame. Ie deplore noftre pays, qui a p̄duit & nourry de tels & fi grands malheurs , & enfemble ie plains la Lybie, qui nous auoifine , pour auoir eu part à nos miferes , & auoir efté donnee à vn homme fi fauuage & beftial, qui a efté efleué dés fa ieuneffe en toute cruauté & lubricité. C'eft ce que l'Ecclefiafte a treffagemēt dit, Malheur à toy Cité qui as vn Roy ieune, & des princes, qui ne mangent pas à heure deuë, mais en plain midy, pires que beftes irraifonnables, fe laiffent trāfporter à toute paillardife, fi auāt que de foüiller les couches d'autruy Parquoy il fe peut bien attendre d'encourir les fleaux, & fupplices du iufte iuge, non moindres que ceux qu'il à bien ofé faire endurer aux bōs feruiteurs de Dieu. Quant à noftre Eglife , &

Eccl. 10.

Diocese, nous en sommes tous assez informez
par le contenu de voz lettres. Et de faict chacú
le tiendra pour vn homme abominable & execrable, sans auoir communication auec luy en
chose que ce soit. Car aussi est-il expedient que
tels tyrans cruels & barbares soiét condamnez
d'vn commun aduis & consentement. Or il luy
suffira bien d'estre ainsi condamné, & du commun consentement de tous ceux, qui verrõt les
lettres de sa condemnation publiees par tout.
Car nous ne ferons faute de les monstrer à tous
ses plus familiers & amis, & aussi à tous venans.
Que si ces aduertissemens & chastimens ne luy
touchent incontinent au cœur, iceluy s'endur-
cissant comme vn Pharaó, si receura-il toutesfois à la parfin, en vertu de ceste sentence, vne
griefue & aspre punition de ses forfaicts.


A iij

# ADVERTISSEMENT AVX
## CATHOLIQVES SVR LA BVL-
le de noftre fainct Pere, touchant l'excommunication de Henry de Valois.

*Auec plufieurs exemples des punitions eftranges & mer-*
*ueilleux iugemens de Dieu fur les excommuniez.*

'EST le propre du phre-
netique de fe mefco-
gnoiftre en fon plus
chaud & grief mal : de-
quoy il n'eft pas poffi-
ble de veoir vn plus eui-
dent exemple qu'à pre-
fent, ou le malade qu'on
feigne ne fent rien,
& ceux qui luy affiftent au lieu de le penfer luy
font croire qu'il fe porte bien, eftant neantmoins la maladie fi contagieufe, qu'elle ne le
peut eftre plus. Chafcun a veu ou entendu la
Bulle & fentence prononcee ces mois paffez à
Rome par noftre S. Pere, & promulguee ces
derniers iours canoniquement en noftre France
contre les crimes & exces de Henry de Valois,

& ses adhérans, lesquels se voyans par ce moyē
descheus de leurs vaines esperances, & condamnez du souuerain iuge de l'Eglise Catholi-
que, comme gens perdus & desesperez cher-
chent tous moyens de donner couleur à leur
malice & tromper les autres, à leur plus grande condemnation. Ce qui m'à donné occasion
de declarer briefuement leur tromperie à celle
fin que ceux qui cheminent auec la simplicité
colombine de nostre saincte mere l'Eglise, ne
soient abusez & enuenimez par telles langues
serpentines, monstrant au doigt les marques &
effects de ceste contagion tirez des Peres & sacrez Canons de l'Eglise, & confirmez par des
exemples, que Henry de Valois, auec les siens
est indubitablement excommunié, tant en vertu des saincts Canons, qu'en vertu mesme de la
susdicte Bulle & sentence.

Il faut au commencement pour certain & in-
dubitable fondement supposer, que l'Eglise a
le pouuoir d'excommunier & du tout retrancher les membres pourris de son corps mystique, de les bannir & forclorre de soy & du Paradis, leur soustrayant tout aide & support, de
deffendre & desnier, voire mesme tout commerce humain auec telle sorte de gens. Le mot
Grec anathema a la force de nous signifier cecy
sçauoir que l'excommunié est execrable, voüé
& consacré aux diables & aux tourments [a] comme en ses contraires le mesme mot signifie les
dons faicts à Dieu, qui pour luy estre dediez
& consacrez ne peuuent estre de tous indiffe-

Cypr.ep.
62. Elugy-
pius l.1.c.
49.ex aug.
11. gen. ad
literam.

remmēt touchez. Vous en auez outre le tefmoi-gnage de l'efcriture, maintes figures & exéples en icelle mefme, & qui plus eft entre les Gentils.

Au vieil Teftament qu'elle autre chofe vouloit fignifier, eftre deboutté du paradis terreftre, comme nos premiers parens empefchez c. Hieron. epiftola 1. Aug.qq.in deut.c. 39. d Pacian⁹ in parene-fi ad pœn. e Aug. de fide & o-perib⁹c.4. f Ioan. 9. d'y entrer par l'efpee flamboyante du Cherubin, b eftre mis hors du camp,c lapide, decapité, eftre condamné à viure en befte entre les beftes comme le Roy Nabuchodonofor, d eftre occis publiquement comme le fornicateur par Phinees, e à eftre fugitif comme Cain de fes parens, de tout homme, eftre chaffé hors la fynagogue? f

Achan le larron de la reigle d'or lapidé par l'expres commandement de Dieu : Ozias le prefomptueux, & Giezi le fimoniacle, tous deux lepreux pour marque de leur meffaict, nous donnent à entendre l'eftat de l'excommu-*2. Con-ftit. c.10 Chrif. ho. 16. in ep. ad Rom.nié, felon qu'il plaift à S. Clement * le referant mefme comme de l'aduis des Apoftres: Finalement la deffenfe tref-expreffe faicte aux Iuifs de traicter & conuerfer pefle mefle auec les Chananeens, & auec vn tas de telles gens, n'eftoit qu'vne figure de ce que noftre Sauueur *Matth.18Iefuschrift parlant de l'excómunié a dict, * *Qui Ecclefiam non audierit ,fit tibi ficut ethnicus & publicanus,* Celuy qui n'obeit à l'Eglife foit tenu pour vn homme profane & infame, auec lequel tu ne peux auoir accointance.

*Aug.2.Au nouueau teftament le fouet * auec lequel

noſtre Seigneur chaſſa du temple ceux qui y contra li-
traſſiquoient, nous met la choſe aſſez deuant les *teras Per-
yeux, comme auſsi ce pauure debteur liuré és *ſilians c. 10.*
tenebres exterieures, ★ ceſte miſerable femme *Chryſ.*
courbee iuſques à terre, laquelle comme dict *1. Timo. 1.*
Ieſus Chriſt, Sathan auoit detenu & lié dix-huit
ans durant, le figuier maudit & deſeché, ★ le *★Aluarus*
traiſtre Iudas poſſedé du diable : ★ Simon Ma *Pelagi' 2.*
gus à qui S. Pierre dit, ton argent ſoit auec toy *de plan-*
en perdition, ★ Ananias & Saphyra eſtendu *au. Eccl.*
ſur la place, à la ſeule parole de S. Pierre : ★ le *c. 72.*
Corinthien : Alexandre & Hymeneus, & au- *Chryſ.*
tres ſemblables, *1. Timo. 1.*
*★Aluarus*
*ibid.*
Que diray ie qu'entre les Gentils meſmes il *★Vrbanus*
y a eu quelque trace & ſemblance de cecy ? En *1 ep de cõ*
toute Republique on a couſtume de bannir les *muni vita*
meſchants & de les declarer ignobles & rotu- *& oblatio-*
riers. Les hiſtoires nous font foy, que les Ara- *ne fide-*
bes ne pardonnans pas meſmes à leur Roy, *lium.*
quand il fuſt tombé en quelque grief forfaict, *Plinius. l.*
luy commandoient de ſe retirer auec deffenſe *6. c. 22.*
d'habiter communément auec les hommes, afin
que deſtitué de tout moyen & ſubſide, il mou-
ruſt de ſoymeſme. Entre les Ethiopiens c'eſtoit
aux preſtres de denoncer & prononcer la ſentence de mort contre leur Roy, en cas de crime
qui le meritaſt ſelon leurs loix. Nos Druides
n'auoiẽt pas moindre authorité meſmes enuers
les Rois des Gaules, leur enjoignant quãd bon
leur ſembloient de ſe deporter des temples & *Ceſar de*
lieux ou affaires de iuſtice : & expliquant Ceſ- *bello gal-*
ſar la nature & grandeur de ceſte peine là, dit *lico.*

B

 S'il y a aucun petit ou gràd
qui ne vueille obeir à leur ordonnance, il luy
defendent d'estre present à leurs sacrifices, laquelle chose est reputee entre eux vne tres-
griefue peine : car ceux qui sont ainsi bannis
& priuez des sacrifices sont tenus & mis au nó-
bre des gens impies & meschants, & chacun les
fuit & se garde de parler à eux, de peur que par
la communication de telles gens il ne leur aduienne quelque desastre & malencôtre, & mesme s'ils requierent par voye de iustice quelque
droict ils ne sont point ouïs, & ne leur portent
honneur aucun. Et pour ne nous arrester aux
exemples des profanes, puis que l'escriture és
passages cy dessus cottez nous deffend de manger, de saluer, de communiquer aucunement
auec l'excommunié non plus qu'auec vn
payen vn pestiferé, vn ennemy mortel,
& traistre à Dieu & à nostre bonne mere l'Eglise, fils & esclaue du diable, citoyen de l'enfer,
exclus de l'heritage du ciel, abandonné de tout
subside Ecclesiastique & humain, comme ose
l'on se iouër & gaudir d'vn supplice si horrible,
d'vn remede si dur, d'vne peine si aspre, d'vne
sentence si furieuse & seuere, comme font ceux
qu'on nomme politiques, lesquels on deuroit

ast oser appeller fauteurs des heretiques? Mais
ie vous prie ce que les saincts Peres di-
la nature & condition, & des effects de
ommunication. Sainct Clement * disciple
Pierre dict ainsi, *Continuò vt aliquis ex Ecclesia
est, accedunt ad eum truculenti lupi illius interitum
tus habentes: etenim eorum pater diabolus homicida*
* Et en vn autre lieu. *Idem à vita immortali &
ria reiectus est, & apud iustos & pios homines inho-
ratus & inglorius & apud Deum damnatus.* * Et
illeurs. *Meritò est abscissus à cœtu Domini: atque Ec-
sia Dei magis nunc ornata fuerit, quam antea, cum erat
ea aliquod membrum superuacaneum & ab ea alienum.
Quocirca iam deinceps extra maledicta & contemptum est
liberata fraudulentis, conuitiatoribus, inhumanis, prodito-
ribus, à virtute auersis, voluptuariis, inanis gloriæ cupidis,
posteribus, & iis qui sapientes videri volunt, quorum
ficium est dispergere, quin potius dissipare agnos Christi.*
C'est à dire, que tout incontinent que l'excommunié tombe en la gueule des loups rauissants,
du diable, forclos de paradis, deprisé des bôs,
condamné par l'Arrest de Dieu, & que d'autant
on est plus nette & entiere l'Eglise, de laquelle
on à retranché vn membre superflu & inutile, si
que elle n'est plus aussi subiecte à receuoir des
niures, pour respect de ceux qui sont retrâ-
hez par le trenchant de l'excômunication, &c.
ainct Antherus Pape * dict pareillement que
excommunié est rompu & brisé des dents du
iable. Le mesme escript Innocentius 1. * &
Hierosme. *
Plusieurs autres Papes & Conciles comman-




a Const.
c. 21.

C. 47.

C. 43.

* Ep. ad.
Episcopos
Hispaniæ.
* Ep. 25.
* Ep. 11.
x Calix.
z Ep. 2. ad
Ep. Gall.
fab. pp. ep.
1. Conc.
Cart. 4. c.
73. Can. 11.
Apô. An-
tu. c. 2.
b Calix. ib.
conc. To-
let. 1. c. 15.
Antis. c. 38.
& 39.
c Calix. ib.
d Fab. ib.
& conc. To-
let. ib. An-
tisiod c. 39
e Antioc.

dent qu'on n'aye totalement rien à faire auec vn excommunié, sur peine d'excommunication ny en l'oraison, * ny au boire & manger, b ny aux baisers, c ny en deuis ou propos, d ny en visites en leurs maisons, ou ailleurs, e ny en emprunter argent, f ny à la communication ou conuersation commune, g ny à luy conceder la sepulture Ecclesiastique. h

Le docte pere Tertulian * le plus ancien entre les nations, dict vne chose fort remarquable pour nostre propos. *Summum futuri iudicij præiudicium est si quis ita deliquerit vt à communicatione orationis & conuentus, & omnis sancti commercij relegetur.* C'est vn tresgrand preiugé de condemnation au iour du iugement, quand quelqu'vn à cause d'vne sienne iniquité enorme, est priué de la communication & participation des sainctes oraisons de l'Eglise, & de la saincte conuersation, & du commerce des fideles. Autant en dict en vne sienne epistre, tresdigne d'estre leuë, Sainct Basille, * adioustant aussi que l'excommunié incorrigible receura de la main de Dieu de grands & estranges supplices, comme vn Pharaon. Ce quemporte aussi le mot Syriaque, Maranatha, * le Seigneur viendra, lequel Sainct Paul conioinct auec Anathema, voulant signifier que l'excommunié incorrigible est reserué au iugement & chastiment de Dieu. Ie laisse S. Cyprien en plusieurs lieux de ses epistres. *

Ie vous renuoye aussi aux commenraites sur les lieux de l'escripture cy dessus alleguez, là ou vous trouuerez nommément sur la premiere aux Corinthiens,& à Timothee, que Sathan par permission & commandement de celuy qui peut excommunier , possedoit celuy qui luy estoit liuré par l'excommunication, & tourmétoit corporellement auec vne nompareille cruauté, de façon qu'il cheoit en griefues infirmitez & diuerses sortes de calamitez. * Et jaçoit q̃ tout homme qui est en peché mortel, soit serf & esclaue de peché & du diable premier autheur du peché, si est-ce toutesfois qu'il n'est point du tout abandonné ny destitué da l'ayde de l'Eglise, comme est celuy là qui est excommunié & liuré au Diable, lequel prend alors toute puissance sur luy, l'Eglise le permettant par authorité pareille qu'elle a aussi de deliurer ceux qui en sont possedez. * Que si à present l'on ne voit souuent les excommuniez visiblement possedez & tourmentez du diable comme le temps passé : la cause est la mesme que celle la pourquoy les autres miracles ne sont en si grand nombre comme iadis, n'ayant plus tant besoin l'Eglise de tels arrousemens, pour auoir desia pris profonde racine , & creu en arbre parfaict. *

Ce n'est donc merueille si l'excommunié estant denué de l'ayde de toute l'Eglise, du S. Esprit, qui la regit & entretient , des oraisons & merites de tous les fideles, de l'assistance plus particuliere & sauuegarde des Anges, soit aussi entierement adandonné & exposé en proye aux bestes farouches, ny plus ny moins qu'vn petit

B iij

oiseau sans plumes ietté hors du nid, comme di-
sent les saincts peres, qu'vne charoigne aux cor-
beaux, qu'vne bourse en vne forest aux voleurs
qu'vn malfaicteur ietté aux ours, aux lions, aux
taureaux, qu'vne curee aux chiés affamés, qu'vn
damné à tous les diables. Dont Siricius Pape *
appelle l'excommunié vn damné, & l'excommunication damnation : ce que remarque aussi
sainct Augustin, * & adiouste le mesme Syrici-
us, que quelquefois l'excommunication opere
és hommes le mesme effect, qui se trouua en Iudas, & est inseparable des damnés, c'est à sçauoir
de desespoir, & d'obstination. C'est pourquoy
peut estre l'Eglise trespitoyable enuers tous,
mesme enuers les Iuifs & Payens, prie solennel-
lement pour eux le vendredi sainct, nó pas pour
les nommément excommuniez. Mais S. Augustin en autre endroit exagere merueilleusemét
(neantmoins selon la verité) l'importante de ces
cas. *Si Ecclesiam non audierit*, dit-il, *sit tibi sicut ethnicus & publicanus : grauiùs est quàm si gladio feriretur, si
flammis absumeretur, si feris subijceretur.* Et peu aptes
*Ecce alligatur homo amariùs, & infeliciùs Ecclesiæ claui-
bus, quàm quibuslibet grauissimis & durissimis ferreis &
adamantinis nexibus.* Qui n'obeit à l'Eglise ou à
son prelat, estime-le comme vn payen & publi-
cain : Ceste peine icy est plus griefué, que d'e-
stre frappé par le glaiue, que d'estre brusté,
que d'estre mangé des bestes. Les chefs de l'E-
glise lient plus durement & miserablement, que
les plus pesantes & dures chaines de fer, ou
liens adamantins. Il appert doncques par cecy

& par tout ce que deſſus, quel reſpect on doibt porter à noſtre ſainct Pere, qui a vn ſi grand pouuoir en l'Egliſe : quelle crainte on doibt auoir de tomber en des laqs ſi dāgereux, & quel ſoing & diligence il faut apporter, ſi on y eſt, pour en ſortir & s'en dépeſtrer au pluſtoſt. Partant diſoit Sainct Vrbain ★ Pape premier du nom, & Sainct Gregoire le grand, ★ *Epiſcopi ſententiam time vel iniuſtè latan,* Crains la ſentence de ton Eueſque combien qu'elle ſemble eſtre injuſtement & à tort proferee, dequoy nous en auons exemple en Theodoſe le grand, ★ qui à tort excommunié par vn moine, ne voulut pas manger, qu'au prealable il ne fuſt par luy abſouz. Auſsi Loys le debonnaire, fils de Charlemaigne ne voulut oncques rentrer en ſon Royaume, duquel il auoit eſté dechaſſé par vne excommunication, qu'il n'en fuſt ſolemnellemēt abſouz. ★ Et au Concile de Touts ſouz Charlemaigne, conformément au decret de Sainct Leon Pape premier, il eſt cōclu ★ que ceux qui font peu de l'excommunication, ſoient reprimés & empeſchés par force ſeculiere, des choſes illicites. Et lors que la puiſſance des hommes n'eſt ſuffiſante pour ce faire, Dieu ſouuétesfois faict paroiſtre ſes iugements par des punitions eſtrāges, pour tenir en bride, voire tous les plus grands Seigneurs de la terre, qui penſent pour leur grandeur deuoir eſtre exempts de tous chaſtiments. En quoy la fin & le but de l'Egliſe eſt l'honneur & la gloire de Dieu, ★ afin qu'ils apprennent à ne blaſphemer point :

★ Ep. 1.
★ 19. Mor. c 18.
★ Niceph. lib. 4.
★ Ann. Franc.
★ Gelaſ. decre. 2. Alex. 3. patre 3. c. 6.
★ 1. Tim. 1.

puis * afin que qui autrement ne se peut corriger, esmeu d'vn si grand mal, rougisse de honte
& retourne à vraye penitence, & que l'esprit
soit sauf au iour du Seigneur, & afin que il des-
aprenne de faillir, ne trouuant point de compagnon pour mal faire, selon le dire d'Innocent 1.
* Plus pource que les fideles Chrestiens ( dict
le mesme) penseront celuy qui est encores vny
en l'Eglise n'estre point en erreur.

L'Eglise aussi pretend par tel remede si extreme & efficace semblable, de prouuoir, * que
tout ainsi que la chair morte par maladies, si
elle n'est incisee, peut apporter corruption par
sa contagion au reste du corps, de mesme n'en
aduienne si on permet qu'vn incorrigible &
peruers s'entremesle auec les bons, lesquels par
le mauuais exemple soient depraués & corrõ-
pus. Partant il n'est pas moins contre le droict
Ecclesiastique se conioindre à vn excommunié
incorrigible, qu'est côtre la nature de reprédre
vn membre infect & pourry, ia retranché de
l'homme, & ne doit estre moins detestable, que
seroit de remascher çe que auec grand contre-
cœur & conuulsion on auroit au parauant vo-
my. Mais il est temps que comme nous auons
promis, nous prouuions nostre dire par exemples.

Le Corinthien estant excommunié par Sainct
Paul, fut visiblement possedé du Diable, & re-
duit en telle destresse, que l'Apostre mesme en
eut compassion auec tout le peuple Chrestien:
Sainct Ambroise tresgrád Docteur & tressaint

personnage, comme racompte S. Paulin, ayant
excommunié le secretaire du Compte Stilicô,
tout à l'instant le Diable s'en saisit, & le com-
mença à tourmenter & bourreler. On lit aussi *
d'vn certain clerc de l'Eglise de S. Eleuthere,
lequel comme il ne tint compte des aduertissemens, ny mesme de l'excommunication du Patriarche Gennadïus, à ces parolles d'iceluy que
il profera auec vn iuste courroux & indignatiô
les addressant audict S. Eleuthere, *Aut emenda
clericum tuum, aut abscinde*, ou corrige ton clerc, ou
retranche-le de ceste vie, expira au mesme téps.
L'Empereur Anastase peu soigneux de l'excômunication du Pape de mesme non Anastase,
perit malheureusement par le foudre du ciel,
qui est le propre supplice des plus meschants,
selon que remarque S. Gregoire Taumatur-
gus. *

De mesme en print à vn notable Gentil-hô-
me, que refere Pierre Damien Cardinal * comme luy auoit rapporté vt tressainct & tresgraue
Euesque A psarense, qui s'appelloit Pius. Dôcques ce gentilhomme ayant esté excommunié,
pour s'estre marié auec vne sienne proche parente, pour tout cela ne desistoit pas, ains
s'en mocquoit comme d'vne fable & ieu d'en-
fants. Il aduint qu'estant à table, les chiens n'o-
serét gouster, ny toucher les morceaux de pain
qui leur estoient iettés, comme s'ils apperceus-
sent ou flairassent quelque poison prouenante
de l'excommunié. Le miserable plus dur qu'a-
cier, plus immobile en son obstination qu'vn

C

* prauum spirit. c. 145. Cedrenus.

* Ep. 1. canon. cã. 6.

* Ep. ad Hildebrã-dum papã seu Greg. 7.

rocher, quand moins il y pense, gisant & reposant la nuict en son lict, il est emporté par vn horrible tonnerre, & trouué le matin tout roide mort & estandu. Et pource qu'auons parlé des pains que les chiẽs eurent à desdain, ie veux rapporter icy ce qui est escript aux chroniques de Magdebourg : pource que le Marquis Bernard à Geronne en fit autant, & autant luy en aduint, comme aussi au prince de Brãdebourg Otho. Cestuy-cy apres auoir esté excommunié par l'Euesque de Magdebourg Ludolphe, voyons, dict-il en se moquant s'il est vray ce qu'on dict communément, que les chiens ne prennẽt rien de la main des excommuniez, lors voyant que les chiens ne voulurẽt mordre aux loppins de chair qu'il leur auoit ietté, il en faict ieusner vn trois iours, apres lequel temps neãtmoins le chien ne voulut rien prendre de sa main, ce qui fut cause qu'il s'accorda & s'humilia à son Euesque. A cecy mesme appartient ce que fit S. Anthonin Archeuesque de Florence, * Pet. Dĩ. ep. 14. c. 12. * pour donner à entendre que c'est que d'vne ame excommuniee. Car il fit sur le champ, deuenir vn pain blanc tout noir, disant que sans comparaison estoit beaucoup plus noir & hideux celuy, sur qui tomboit le foudre d'excõmunication. Almisicus * Euesque de Magence * in vita. excõmunia son propre Pere, Otho, Empereur, pource qu'il auoit prins pour femme vne sienne commere, & cela fit ledit Euesque apres l'auoir admonnesté & repris, pour recompense dequoy fut long temps tenu en prison, de la-

quelle au bout de l'an eſlargi, la feſte de Paſque
s'approchant, luy predit que le iour de la Pentecoſte tous deux ſe verroient deuant le iugement de Dieu.    Quant à l'Eueſque il preceda
l'empereur à l'autre vie : mais l'Empereur le
meſme iour de Pentecoſte eſtant à la meſſe en
ſa plus grande magnificence, & le mieux aſsiſté
de ſes courtiſans que iamais, tout à coup tomba mort ſur la place.

Manuelus Malaxus racompte en la vie du
Patriarche Maximin, que l'an 1450. ayant le
grand Turc ouy dire, que les corps de ceux qui
eſtant excómuniez & meurent ſans abſolution,
ne ſe peuuent reſoudre en poudre, ains qu'ils
demeurent fort long temps entiers & eſtandus
comme des tabourias, il ordonna que Maximin
le Patriarche en fit quelque preuue s'il eſtoit
poſsible. Apres auoir faict inquiſitió & recher-
che ſoigneuſe, finalement il ſe reſouuint que
Gennadius Scholarius vn de ſes predeceſſeurs
maintes annees au-parauant auoit excommunié
vne femme, laquelle des lors meſme ſaiſie d'vne
dyſſenterie, au bout de quatre iours mourut, le
corps demeurant par apres tout noir & enflé
comme vn tabourin, & de telle façon entier
que meſme pas vn des cheueux n'eſtoient tom-
bez à terre. Cecy veu par les gens du Turc, luy
fut racompté de point en point, eux demeu-
rants bien esbahis & eſtonnez d'vne telle & ſi
rare force & vigueur de l'excommunication.
Mais pour faire court, paſſons outre, ie vous
prie, & ne nous amuſons pas ailleurs, n'ayants

faute d'exemple chez nous.

★ Nantin Comte d'Angoulesme pour son vsurpation sur les biens de l'Eglise fut excommunié par Heraclius Euesque, qui deceda parauant que de l'auoir absous : quelque temps apres son trespas ledict Nantin tomba malade d'vne fascheuse maladie & bruslant de fiebure il s'escrir, helas! helas! ie suis ards & bruslé par Heraclius Euesque, qui me tourmente fort & me somme deuant le iugement de Dieu, ie recognois ma faute, ie me resouuiét des torts que ie luy ay faict, ie prie le Seigneur, qu'il me vueille bien tost enuoyer la mort, afin que ie ne sois plus longuement affligé de ce tourmét que i'endure : enfin il mourut criant tousiours de ceste façon, donnant bien a cognoistre par signes tres-euidens, que c'estoit vn chastiment de la main du Sainct Euesque. Car son corps deuint si noir, que vous eussiez dict qu'il auoit esté mis entre les braises, ou ietté dans vne fournaise.



★ Le Roy des Parisiens, Heribert fils de Lothaire poussé de sa concupiscéce & plaisir charnel, apres vn diuorce de sa premiere femme se maria contre toute loy & raison à deux sœurs, Partát S. Germain Euesque de Paris pour lors, & à present vn des principaux patrons d'iceluy l'excommunia, dont bien peu de temps apres il deceda miserablement. Vous auez vn cas semblable, encore que pour diuerse cause, en vn des hommes d'Ebroyn grand Seigneur de la France, lequel excommunié par sainct Eloy Eues-

que de Noyon * tout aussi tost tomba à terre * in vita L.
comme mort. * Et d'vn prestre qui pareillmēt 2. c. 19.
excommunié, & ne laissant toutesfois de cele- * c.25.
brer, si tost qu'il s'approcha de l'autel mourut
miserablement. Robert Roy de France, pour
auoir espousé vne sienne proche parente, fut
excommunié quasi de tous les Euesques du
Royaume: dont il eut vn fils le col & la teste
duquel ressembloit à celle d'vn oison, & fut tel-
lement abandonné des siés, qu'il ne luy demeu-
rerent que deux pauures seruiteurs, lesquels
toutesfois l'auoient tant en horreur à cause de
l'excommunication, qu'ils iettoient au feu toute la vaisselle dont il vsoit en sa table. * * Glyca

L'effect de ceste sentence arriue mesme ius- parte 4.
ques aux morts, ainsi que S. Gregoire declare
au second liure de ses dialogues, * ou il racon- * c.23.
te, comme deux religieuses issues de bōne mai-
son prouoquoient souuent par plusieurs parolles iniurieuses vn religieux qui auoit accoustu-
mé de les seruir: dequoy S. Benoist estant ad-
uerty leur enuoya dire qu'elles corrigeassent
leur langue, autremēt qu'il les excommunioit.
Et n'en tenans grand conte elles moururent en
peu de iours. Or comme on disoit la Messe en
l'Eglise en laquelle elles auoient esté enseuelies
& que selon la coustume le diable crioit tout
hault (*si quis non communicat det locum*) si quelqu'vn
ne communie pas, qu'il s'en aille: la nourrisse
de ces deux religieuses les voioit sortir de leurs
sepulchres & se departir hors de l'Eglise. Ce
qu'ayant obserué plusieurs fois & se resouuenāt

que suiuant le mandement de S. Benoist elles
auoient esté en vertu de l'excommunicatiõ pri-
uees de la communion, elle raconta tout ce que
elle auoit veu, audict S. Benoist, qui fist cesto
responce. Allez & faictes presenter à Dieu sa-
crifice pour leurs ames, & elles ne seront plus
excommuniees. Ce qui aduint, & on ne les vit
plus sortir de l'Eglise.

Quasi le semblable, Glycas en ses Annales es-
crit S. Gregoire mesme auoir faict. Il excommunia vn certain moine, pour auoir commis
quelque chose contre la volonté de son Abbé,
& contre les loix du monastere : peu de iours
apres il trespassa sans auoir esté absouls, au
grand regret de S. Gregoire, qui par vn Diacre
fit lire à son sepulchre la forme de l'absolutiõ.
La nuict suiuant ledict moine asseura son Abbé
de sa deliurance, obtenuë par le moyen de ladicte absolution.

Ie vous diray bien plus, les martyrs mesmes
ne peuuent perçeuoir les fruicts de leur triom-
phante victoire, qu'au prealable ils ne soiét de-
liurez de l'excommunication qu'ils auroient
peut estre encouruë viuans encore en terre.
Philon le Philosophe en son histoire Ecclesiastique * nous le tesmoigne, escriuant que San-
dapila martyrisé sans auoir esté absouls de l'excommunication prononcee autrefois côtre luy
sortit par trois fois de l'Eglise, quand y venant
pour celebrer les diuins offices l'Abbé dit. *Pax
vniuersis*, & que son corps n'y pouuoit demeu-
rer, qu'apres l'absolution donnee. Adioustez

il vous plaiſt, ce que * Matthieu Blaſtares au- * in No
theur digne de foy eſcript (afin que nous ne mimo.
penſions que ce ſoit des comptes, pour donner
l'eſpouuante aux femmes & enfans) que les diables entrent quelquefois aux corps morts des
excommuniez, & apparoiſſent aux amis & plus
familiers d'iceux, auec vne hideuſe grimace, les
yeux flamboyans & eſtincelans, donnant horreur à toute vne ville, & y faiſant grands dom-
mages & degats.

Par tels & ſemblables exemples l'on voit éui-
demment en quel danger, tant du corps que de
l'ame ſont les deux Hāris, auec tous leurs adherans, qui ne peuuét attendre ſinon que quelqne
horrible iugement de Dieu : puis qu'ils ſe mō-
ſtrent ſi endurcis & obſtinez en leurs meſchan-
cetez, perſecutans à toute outrance les bōs Catholiques. Car ſi pour ſubuenir au reſte du
corps on retranche les membres corrompus,
quoy qu'ils ſoient importans & neceſſaires, &
voire ſi faire ſe pouuoit la vie ſauue, arrache-
roit on le cœur & la teſte meſme infectez, pour
le bien de tous les membres, Dieu qui peut ſās
difficulté retrancher ceſte pernicieuſe teſte &
cœur enuenimé du Royaume de France, ne
permettra pas qu'auec la ruine de tout le peuple ils ſuſtſiſtent plus long temps en ce corps
treſnoble & treſchreſtien. Que ſi quelque Poli-
tique s'aduance de dire, qu'vn Roy de France
ne peut eſtre excommunié : il eſt facile de reſ-
pondre, qu'iceluy eſtant enfant de l'Egliſe eſt
ſubiet à la diſcipline d'icelle, cōme tous autres

Chrestiens, n'y ayant aucun canon de l'Eglise
par lequel il en soit exempté : & au contraire y
en ayant plusieurs , par lesquels tous ceux qui
commettent semblables meschancetez que luy
sont notoires excommuniees, de quelque qua-
lité & condition qu'ils soient. Ce que clairemét
nostre S. Pere a déclaré tant au consistoi-
re, que aux audiences qu'il a donné à l'Euesque
du Mans, auquel entre autres choses il a dict, ou
qu'il falloit brusler le decret & tous les sainctz
Canons , ou que sans doubte Henry y estoit
compris. Parlant aussi du decret faict par Mes-
sieurs les docteurs de la faculté de Theologie,
il dict, qu'ils ont en cela faict office de consul-
teurs, confesseurs, curez & docteurs, à qui il appartient d'expliquer le droict, d'instruire, dres-
ser, conseiller , de maintenir & d'agrandir aussi
le prix & l'authorité des sacrez canons , & des
autheurs & conseruateurs d'iceux , qui sont les
Papes.

Quant au bref sur lequel se fondoit ledit Hē-
ry, comme si en vertu d'iceluy il peut estre absous : nostre S. Pere a declaré au mesme Euesque du Mans, qu'il n'entendoit , ny n'entendit
iamais , que tels cas si enormes & extraordinai-
res y fussent contenus. Outre ce qu'il ne s'est
iamais disposé , ny rendu capable de receuoir
aucunement absolution, veu qu'il ne se depart
en nulle façon de ses peruers & malings côseils.
accumulant de iour en iour iniquité sur iniquité. pour irriter dauantage l'ire de Dieu , & du
sainct siege a l'encontre de luy, mesmement en

ce qu'il s'eſt aſſocié & vny auec les heretiques,
iuſques la qu'il a faiĉt la premiere perſonne a-
pres ſoy, le principal chef de l'huguenotiſme,
vn relaps, vn nommément excommunié & per-
ſecuteur de l'Egliſe des ſa premiere ieuneſſe.
Et qui voudroit contredire à cecy, ne verroit
le iour en plain midy, veu que tout s'eſt dict &
faiĉt à la veuë de tout le monde. Oüy mais di-
ſent-ils la Bulle n'eſt que comminatoire, ce n'eſt
qu'vne ſemonce, il y a des conditions, & vn certain terme prefix, lequel tandis qu'il n'eſt pas
eſcheu & accomply, c'eſt preuenir & anticiper
le ſentéce, ou les effeĉts d'icelle. Vous m'accor-
derez que la Bulle n'improuue rien de ce qui
s'eſt faiĉt, & ſe faiĉt a preſent, qu'elle n'abſoult
pas Henry de Valois, ny ne declare pas qu'il ne
aye encouru l'excommunication. C'eſt pour le
moins doncques vn grand preiugé pour noſtre
cauſe, comme auſsi le conſentement, faueur, &
aſsiſtance des plus gens de bien, ſans exception,
qui ſoient dans & hors ce Royaume. Il ſe fault
mettre deüant les yeux que ce n'eſt pas tout vn
d'eſtre excommunié par le droiĉt des Canons,
& l'eſtre nommément & ſolennellement de ſon
Prelat ou ſuperieur. Et dauantage, que decla-
rer vne choſe eſtre telle, ou telle ne la faiĉt pas,
mais la preſuppoſe, & la dóne à cognoiſtre pour
telle qu'elle eſt en ſoymeſme. Au ſurplus, la declaration n'eſt pas neceſſairement requiſe, afin
que la cenſure, ou l'effeĉt d'icelle ſoit appliqué,
& executé en la perſonne de celuy qui d'ailleurs ſeroit tombé en la ſuſdite cenſure. ains la

D

declaration ne sert qu'a plus solenniser, autho-
riser, & authentiquer ce qu'autremēt & de soy-
mesme est assez fort & efficace pour estre effe-
ctué : ou pour oster toute doute & presomptiō
que quelqu'vn pourroit auoir d'estre exempt
des censures, ou finalement pour en certifier &
asseurer toute la Chrestienté, & l'animer dauā-
tage contre vn tel excommunié, & aussi nómément declaré pour tel. Car qui osera dire, que
le Biarnois deuant la declaration de sa saincteté
ne fut proprement & veritablement excommunié, & qu'ensemble ses subiects ne fussent exépts
de tout hommage & subiection ? De tout cecy
nous concluons que soit le monitoire & semō-
ce pour la declaration mesme, ny l'vn ny l'autre n'oste rien , ny ne diminuē de la teneur &
force des Canons, mais seulement rend la chose
plus notoire à tout le monde , & le delinquant
plus infame, & lié.

Et d'abondant il s'ensuit, qu'en accomplissant
les conditions portees en la Bulle, & ne voulāt
à ceste occasion le S. Pere proceder à la declaration, comme d'ailleurs & absolu mēt il pourroit, il ne feroit pourtant vne contraire declaration, par laquelle il declarast le delinquant
n'auoir pas esté excommunié au parauant : mais
où qu'il luy en donneroit l'absolution, ou que
contant de l'excommunication des Canons &
du droict, il se deporteroit de ladicte declaration.

Et pour recogroistre la verité de tout cecy
plus clairement, il ne faut que par le menu con-

fiderer le contenu de la Bulle.

Donques noftre S. Pere apres auoir mis en a-
uant la grandeur de la puiffance du fouuerain
pafteur de l'Eglife p. l'efgard qu'il a enuers les
penités & les obftinez pour s'accommoder aux
vns auec douceur, aux autres auec rigueur. Il
entre en matiere du maffacre & detention des
Cardinaux & Euefques, l'appellant chofe notoire à vn chacun : lequel crime eft exageré en
paffant, pour le regard de l'Archeuefque de
Lion, d'autant qu'au mefme temps Henry fai-
foit foliciter à Rome vers fa fainéteté pour le
faire Cardinal : còmme auffi il propofoit le
Cardinal de Guife pour Legat d'Auignon.

S'enfuit que pour ce faiét la, luy, & tous fes
confeillers en ceft affaire, tous les complices,
fauteurs, qui l'ont maintenu, defendu & receu,
ou qui autrement ont donné confeil, fecours,
ayde, cooperation, ou qui ont efté gardes, ou
miniftres en telle execution, ayent encouru la
fentence d'excommunication, cenfures, & peines contenues és fainéts Canons, tant generaux
que particuliers, des Conciles & Papes, & dans
les lettres que fa fainéteté publie tous les ans le
Ieudy abfolu, qu'on appelle la Bulle *in cæna
Domini.* En apres il fe plaint grandement de n'a-
uoir receu de luy, ny par les fiens en fon nom,
aucun figne de recognoiffance, l'ayant tant de-
firé & mefme enhorté à demander l'abfolution
& que nonobftant les facrileges fi atroces commis il n'a relafché & mis en liberté le Cardinal
de Bourbon, & l'Archeuefque de Lion, felon

que sa sainǎeté mesme s'eſtoit daignee de luy
en donner aduis & conſeil.

5  En cinqùieſme lieu, il proteſte qu'eſmeu d'vn
ſingulier & paternel amour qu'il luy a touſiours
porté, & eu eſgard auſsi à la dignité Royale, il
a tant differé, enuiron l'eſpace de cinq mois, à
faire & publier la declaration, comme il pouuoit bien pluſtoſt.

6  Mais que contraint finalement par le deuoir
de ſa charge d'obuier à vn ſi grand ſcandale de
toute la Chreſtienté, à conſeruer en toute aſ-
ſeurance, & nómément les Cardinaux & Prelats de l'Egliſe, à maintenir l'honneur & la ſplé-
deur du S. Siege Apoſtolique, il enhorte, ad-
moneſte par vne deux & trois fois, demande &
commande en la vertu de la ſainǎe obeyſſance
qu'il deliure, ou face deliurer leſdiǎs priſonniers auec ſauf-conduit, & tout ce qui eſt re-
quis pour leur ſeureté, dedans dix iours à com-
pter depuis la publication de ceſte Bulle : faiſant paroiſtre à ſa ſainǎeté trente iours apres
qu'il l'à ainſi executé.

7  Que s'il n'en veut rien faire, il prononce, &
declare, *ex nunc prout ex tunc,* c'eſt a dire des a ceſte heure pour le têps auquel le terme ſera ac-
compli, contre luy & contre les autres comme deſſus, qui ont eſté, ou ſont par-
ticipans du maſſacre, ou empriſonnement, de
quelque eſtat & dignité qu'ils ſoient, ſeculiers
Eccleſiaſtiques, pour excommuniez, & ſubiets
aux autres peines comme deſſus. Toutesfois, il
les ſomme de comparoir à Rome, Henry de

Valois en propre perſonne, ou par Procureur: mais les autres en propre perſonne dans ſoixā-te iours apres la publication de la Bulle, afin qu'ils ſe purgent, s'ils peuuent, ſur les crimes ſuſdits, & pluſieurs autres, & qu'ils alleguent ce qu'ils aduiſeront, pourquoy on ne puiſſe decla-rer a raiſon de ce que deſſus qu'ils ayent encou-ru les peines des excommuniez, & que par meſ-me moyen leurs ſubiets puiſſent eſtre abſouz ou declarez d'auoir eſté deſia abſouz, de leur porter obeiſſance, & garder fidelité. Si encore cecy n'eſt obſerué, ou ſi ayant comparu il ſe ſe-ront bien purgez, ſa ſainĉteté procedera a la de-claration, comme deſſus, auec toutes les forma-litez du droit.

Finalement que nul quel qu'il ſoit, quelcon-que priuilege luy aye eſté onques concedé, ou à Henry meſme ne puiſſe ce pendant abſoudre pas vn d'eux, des ſuſdiĉtes cenſures, ſauf en l'ar-ticle de la mort, ny meſmes alors, s'ils ne pro-mettét de garder ce qui eſt porté par les ſainĉts canons, & de ſatisfaire à l'Egliſe reuenans à ſan-té. Pour la publication il ſuffira la faire en deux ou trois de ces ſix villes, Poiĉtiers. Orleans, Chartres, Meaux, Agen, & le Mans. Voyla tou-te la bulle redigee en certains poinĉts le plus brieſuement, & clairemét qu'il nous a eſté poſ-ſible. Dont il appert à vn chaſcun ce que pre-tendons & auons prouué en ceſte derniere par-tie de noſtre diſcours. Vous auez au troiſieſme point, que Henry, & les ſiens ont encouru l'ex-communication, & les autres peines Eccleſia-

ſtiques des ſacrez canons. Au ſeptieſme le meſme y eſt contenu, en ſpecifiãt qu'on n'aye poim
d'eſgard à aucune dignité & eſtat voire Eccleſiaſtique, & que des maintenant pour le regard
de la deliurance du Cardinal, & de l'Archeueſ-
que, ſi Henry ne la faict, luy & les ſiens, le terme
des dix iours apres la publication expiré, doiuent eſtre tenus pour declarez & denoncez.
Car pour l'autre point d'en eſcrire à Rome a-
pres la deliurance, & pour n'auoir comparu, ou
ne s'eſtre pas purgé, il s'en reſerue la declaratiõ
à vn autre temps prefix. Et meſmes bien que
Henry euſt deliuré leſdicts priſonniers, il ne
laiſſeroit pas pourtant d'eſtre obligé au reſte,
c'eſt à ſçauoir d'eſcrire & de comparoiſtre à
Rome ſelon que deſſus.

Au dernier que nul n'en puiſſe donner l'abſolution que le S. Pere, hormis en l'article de la
mort. C'eſt doncques ſigne, ains il eſt neceſſaire
d'inferer que celuy qui ne peut eſtre abſoubz,
eſt deſia aſtraint & lie.

Partant non ſeulement par le droit naturel,
& ciuil que chacun a de ſe garentir, & que toute
Republique retient ſur le Roy en cas de neceſ-
ſité, & ſignamment quant il eſt faineant, deſloy-
al, tyran, (ce qu'eſt Henry & beaucoup plus)
mais encore par l'Eccleſiaſtique il a eſté, eſt, &
ſera loiſible, de nous vnir par enſemble, de porter les armes, leſquelles les ſaincts & ſacrez Canons nous mettent au poing, le S. Pere nous permet, noſtre Seigneur & les bié heureux auoüet,
monſtrans tant de faueur à nos ſainctes entre-

rinſes : les gens doctes, ſages & conſcientieux
ppreuuent, & tout le monde enſemble, fors les
plus ignares & meſchans : voire nos ennemis
s'ils veulent parler franchement, & ne s'opinia-
ſtrer point dauãtage, en penſent comme ie croy
& iugent de meſme. Ce que conſiderant les deuroit eſmouuoir à quitter de party en toute ma
niere plus foible, à redouter l'effort des valeu-
reux Princes Catholiques. & bien vnis: à craindre l'eſpouuentable iugement de Dieu, qui les
talonne de bien pres. Que ſi d'vn coſté nos pe-
chez le deſtournent de deſſus leurs teſtes, ceux
de Heury de Valois, & de ſes adherans, qui ex-
cedent toute meſure, qui tirent en precipice la
plus belle perle de la Chreſtienté, auec vn grãd
danger de toute l'Egliſe, feront que le meſme
Dieu prenne la vengence d'vne querelle ſi iu-
ſte, ſi ſaincte, ſi importãte, & qu'il ratifie au ciel
comme il a promis, la ſentẽce que ſes miniſtres
prononcent en terre, ains ont deſia prononcé en
vertu des ſaincts Canons, ou prononceront de
leur abſolue puiſſance, tant plus que Henry eſt
bien loing defaire ce qu'on luy commãde, veu
les hoſtilites pluſque barbares, qu'il exerce par
ſoy & par les ſiens, & qu'auſſi le terme des dix
iours eſt deſia expire.

    Qu'il attende hardiment en ſa perſonne tel
euenement que nous liſons de l'Empereur Héry quatrieſme, duquel il eſt ſingulier imitateur
Il fut excommunié pour vne beaucoup moindre cauſe que noſtre Henry, & ainſi excommunié mourut miſerablement: luy ayant Dieu ſuſ-

eité son propre fils pour luy faire la guerre. Escoutez s'il vous plaist la sentence que prononça ce sainct & tresmagnanime pasteur Gregoire septiesme du nom, laquelle sert beaucoup à nostre propos, & se peut fort bien appliquer mot a mot contre Henry de Valois.



*Fidens in Dei iudicio & misericordia, inque patrocinio Beatæ Virginis; fultus etiam auctoritate vestra, (il parle à S. Pierre & S. Paul) ipsum Henricum eiusque fautores vinculo anathematis colligo, atque iterum regiam ei potestatem adimo, interdicoque Christianis omnibus illo iuramento absolutis, quo fides Regibus dari consueuit, ne Henrico vlla in re obtemperent. Et peu apres. Agite igitur Apostolorum sanctissimi principes, & quod dixi vestra auctoritate interposita confirmate, vt omnes nunc demum intelligant, si potestis in cœlo ligare, & soluere: in terra quoque imperia, regna, principatus, & quicquid habere mortales possunt auferre & dare nos posse. Si enim quæ ad Deum pertinent iudicare potestatis, quid de his inferioribus & profanis censendum est? Et si angelos dominantes superbis principibus vestrum est iudicare, quid in seruos illorum facere vos decet? Ediscant nunc Reges huius exemplo, & omnes seculi Principes quid in cœlo possitis, quantique apud Deum sitis, ac deinceps timeant sanctæ Ecclesiæ mandata contemnere. Hoc autem iudicium citò in Henricum exercete, vt intelligant omnes iniquitatis filium non fortuitò, sed vestra opera è regno cadere. Hoc tamen à vobis optauerim vt pœnitentia ductus in die iudicij vestro rogatu gratiam à Deo consequatur. C'est à dire, Me confiant au iugement, & en la misericorde de Dieu, en l'aide & intercession de la vierge Marie, & appuyé aussi sur vostre authorité (il parle

à S. Pierre & S. Paul) i'excommunie Henry a-
uec ses fauteurs, luy ostant de rechef tout pouuoir & toute subiection des siens. ( Car il l'a-
uoit vne fois absouz de l'excômunication, mais
non pas réhabilité à l'empire.) Faictes dôcques
tressainctes Princes des Apostres, en confirmant
par vostre auctorité ce que i'ay dit, qu'vn chacun sçache, & entende, que vous pouuez lier &
absoudre au ciel, & que nous aussi pouuôs o-
ster & donner toute dignité ou domaine, quel
qu'il puisse estre, icy bas en terre. Car si vous a-
uez le iugemêt des choses concernantes à Dieu,
à plus forte raison de ces choses basses & profanes. Et si c'est a vous de iuger les mauuais Anges, qui cômandent & maistrisent les Princes de
la terre superbes & arrogans, que deurez-vous
faire à l'endroit des seruiteurs & esclaues? Que
les Rois & tous les potentats du monde apren-
nent par cet exéple, quel est vostre pouuoir au
ciel, & en quel rang d'hôneur vous estes à ceste
heure deuant Dieu : & que desormais ils ayent
pa... ... ... gardét de mespriser les commande-
méts de la saincte Eglise. Exercez, & effectuez
bié tost ce iugemét côtre Héry, afin qu'on sçache que le fils d'iniquité, n'a pas esté casuelemét
debouté de l'Empire, ains expressement par nostre prouuoiâce & auctorité souueraine. Neãt-
mois ie desire & vous supplie que par vostre in-
tercessió, il puisse trouuer grace & misericorde
deuãt Dieu au iour du iugemét. Et d'autãt qu'ũ
certain Guillaume Euesque de Mastric entre-
prenoit opiniastremét de suiure, & defendre le
E

party dudit Héry, l'entretenãt en son erreur & obstination au mespris du S. Pere, de ses cesures & excõmunications, preschant aussi toutes les festes contre la dicte excõmunicatiõ dudit Héry : aduint que par la iuste vengeance de Dieu il fut frappé d'vne tresgrande & extreme maladie, durãt laquelle il hurloit , & auec pleurs & gemissemens crioit qu'à bon droit nostre Seigneur luy faisoit perdre la vie presente, & celle des bié-heureux, pource que, disoit-il, pour se maintenir és bónes graces & faueuts d'vn Roy terrié, il auoit negligé & vilipédé l'auctorité de l'Eglise, faisant de guet a péd grand tort & outrage au Pape, lequel il cognoissoit bié pour vn sainct personnage, & doué de toutes vertus, & qualitez vrayemét Apostoliques. Parlãt ainsi & criãt, il rédit sans aucune reconciliation à penitéce, par diuine permission, son malheureux esprit. A cet exéple la plus part de ceux qui se sétoiét touchez de l'excommunication auec leur maistre Henry, furent si fort esmeuz, & de telle façon espouuentez, que iusques aux plus grãds de la court, il cõmencerent tous peu à peu à l'abandóner. Et quoy que Henry forcené & trãsporté de cholere, les appellast, les priast & menassast, disãt & protestãt, que l'excõmunication estoit nulle, & qu'il estoit celuy la, à qui l'Apostre dict , que le glaiue a esté donné par nostre Dieu, pour faire iustice des malfaicteurs : pour tout cecy & pour toute autre chose qu'il taschast de faire, lesdits Seigneurs & vassaux aimerét mieux offencer & irriter vn hóme que Dieu

Rom. 13.

courir la perte & mort du corps, q̃ de l'ame.
Il n'en firent ny plus ny moins peu apres, quãd
changeãt de hotel ledit Henry, & feignant auec
belles promesses de se vouloir corriger, ils firẽt
responce à ses Ambassadeurs, qui estoiẽt venus
à Fribourg, en ces termes ou semblables. Quãd
à nous, tãdis qu'il n'y alloit que de d'interest tẽ-
porel, & de nostre honneur & reputation, iaçoit
qu'il y auoit bien occasiõ de s'en ressentir, nous
l'auons supporté, eu égard au serment & subiection que luy deuions, de peur que souz ombre
de nous conseruer, nous ne semblassiõs impru-
demment & impudément nous estre soustraits
& departis de luy. Mais ores qu'il est retrãché
du corps de l'Eglise, par le glaiue de l'excõmunication, en quel cas il n'est permis d'auoir cõ-
munication auec luy, sans danger de tomber és
censures de l'Eglise, & de violer, nostre foy &
Religion. Veu qu'aussi le S. Pere nous deliure
de tel serment & subiection, ce nous seroit, vne
folie extreme de nel vouloir accepter & receuoir à bras ouuers vne si belle occasion de nostre salut. Pour conclusion nous en sommes ar-
restez là, de choisir & eslire vn d'étre nous, qui
face & poursuiue les guerres du Seigneur, pour
destruire & aneantir l'hautaineté de tout hõme
qui s'esleue & regimbe contre la iustice & verité de Dieu, contre l'auctorité de la saincte Eglise Apostolique & Romaine.
A la mienne volonté que ces beaux exemples
icy seruer & facent profit à toute sorte & quali-
té de gens de ce Royaume. Particulieremẽt, &

E ij

en premier lieu aux Prelats (ie dis s'il y en a ql-
qu'vn qui en aye besoing,& pleust à Dieu que
on peust asseurer que non) lesquels côme vrais
Leuites ayant Dieu seul pour leur lot & patri-
moine,doiuent par sur tous les autres espouser
sa querelle.En apres aux Princes, Seigneurs &
Magistrats,qui doiuent côme nourriciers pro-
tecteurs & defenseurs de l'Eglise,s'opposer vi-
rilemét,& pour dire en vn mot,Chrestiênemét,
contre les perturbateurs & violateurs d'icelle.

Finalement à chacun en particulier, qui sans
danger de peché mortel,pour le moins ne peut
fauoriser,ny mesme conuerser auec telz excô-
muniez,en quoy neantmois aisement on peché
 Et pource le diable estant quelquefois interro-
gué,par quel moyen principalement il attiroit
plus de personnes aux enfers : respondit par la
bouche d'vn possedé , que c'estoit moyennant
l'excômunié ,auec lequel comme plusieurs ne
sont difficulté de côuerser,aussi à tous pas tres-
buchét-ils és fosses du peché, s'exposant au dâ-
ger éminét d'encourir la mort eternelle de leur
ame. Mais maintenant qu'à raison de la guerre
les excommuniez qui y sont plus enfôcez,n'au-
ront pas le loisir de se recognoistre, tant plus
tost aussi tomberont-ils au gouffre infernal. Il
est bon à voir que telles sortes de gens qui ne se
rangent auec les bons, & qui en rien ne redou-
tent les sacrez Canons & sentences des Papes,
sont ou bien extrememement malings, & hors de
tout remede de salut,ou pour le moins fort i-
gnares,& bien peu versez & entendus en la do-

rine & tradition Ecclesiastique. Theodose le
grand n'en faisoit pas ainsi, lequel excommunié
par S. Ambroise, pour vn seul crime, beaucoup
moindre sans comparaison, que tât & tant d'autres , desquels nostre Henry auec les siens est
chargé, disoit.

*Tu quidem Ruffine ludis, meorum enim malorum sensu* Theod.
Eccl.hist.
l. 5. c. 18.
*haud tangeris. Ego verò gemo lamentórque in considera-*
*tione calamitatis meæ, quòd cùm seruis & mendicis pateat*
*diuinũ templum, illíque libere ad precandum Dominum*
*suũ ingrediantur, mihi cùm illud inaccessum, tùm insuper*
*& cœlum occlusum sit. Memoria enim teneo dominicam*
*vocem, quæ manifestè dicit. Quæcunque ligaueris in terra,*
*is & in cœlo erit ligatus.* Quant à toy Ruffin tu te
ioües & moques de moy, ne te resentant pas, &
n'ayât compassion de mes maux : mais quant à
moy ie pleure, & me deuls, considerât ma cala-
mité, pource que la porte de l'Eglise estant ou-
uerte aux pauures & mendiãs, & iceux pouuâts
entrer librement pour offrir leurs oraisons , à
moy seul il n'est pas loisible d'entrer, ny en l'E-
glise, ny mesme qui pis est, au ciel auec les bien-
heureux, &c. Oyés la cause pourquoy ce grand
& religieux Empereur faisoit tant de cas de ceste excómunication. Ayant l'historien racõpté
la seuere sentêce du venerable S. Ambroise, adiouste. *Quibus verbis motus Imperotor, vt qui in sacra é-*
*ducatus doctrina sciret, quæ sacerdotũ, quæque Imperatoris*
*essẽt officia, cum gemitu, & lachrymis in regiã reuertitur.*
L'Empereur esmeu de ces paroles comme sça-
chant bien la doctrine de l'Eglise, en laquelle il
estoit fort bien instruit, qu'elle estoit la charge

& l'office des Euesques, & quel celuy de l'Empereur, la larme à l'œil retourna tout court à son palais. Et faut noter en passant, que ce bon Empereur pour son obeissance à Dieu & à son Eglise, a tousiours prosperé en tous ses affaires, auec vne memoire immortelle de son nom, pleine de toute benediction.

Nous auons apris par tout ce discours, quelle censure & peine, combien griesue & à craindre est l'excommunication : qu'est-ce, que pour le regard d'icelle doiuét faire, & Henry & ses cóplices, qui en sont attaints : & cóment ceux, qui ne sont excommuniez se doiuent cóporter, tant entre eux mesmes, cóme enuers ceux qui le sót maintenant. C'est de nous vnir, & cóspirer sainctement tous ensemble contre ces excómuniez & abandonnez de Dieu, contre les hypocrites, politiques, & atheistes, aussi contre les heretiques, & leurs fauteurs, iusques à ce qu'ils soient entierement exterminez, puis qu'ils sont incorrigibles & obstinez en leur meschanceté, & à ceste occasion retranchez de l'Eglise, comme membres pourris, & pernicieux au corps mystique de Iesus-Christ. En quoy nous ne deuós point espargner ny le trauail, ny nostre propre vie, & beaucoup moins les biés & les moyés, que Dieu nous a donnez, pour les employer liberalement en vne si iuste querelle, & non pas pour les reseruer aux ennemis iurez de son Eglise : Veu que pour toute bonne volonté qu'on vous puisse donner a entédre que Henry de Valois aye, & quand bien de faiĉt il l'auroit, si ne sera-

à iamais le plus fort, & vous sera forcé en fin de
porter le ioug plus q̃ turquesque de l'hugue-
not, duquel Henry le Biarnois est le chef principal, qui trop mieux cognoissant l'humeur du
Valois, que peut estre vous ne pensez, ne s'y fie
non plus q̃ vous, mais se fera le maistre s'il peut
preuenant d'estre preuenu, ioüant ce pendant à
qui mieux trompera son compagnon.

Tenons donc nostre rang, ne nous desban-
dons point, & gardons-nous bien de nous laisser
piper, ny de prester aucunement l'oreille aux
belles & captieuses parolles des hypocrites &
heretiques, qui ne font conscience de tromper,
de mentir, de se pariurer & violer à chasque
fois tout droit diuin & humain. Il nous faut es-
perer que leur ame estát desia occise par le glaiue spirituel de l'excommunication, le corps ne
pourra pas aussi subsister longuement, & que
Dieu nous donnera la grace, s'il luy plaist, qu'il
donna iadis au Conte de Montfort tres-Chre-
stien & tres-valeureux Capitaine, côtre le Roy
d'Arragon, contre le Conte de Tholose & ses
enfans, contre le Conte de Foix & de Comminge, & contre les heretiques Albigeois. Car
apres l'excommunication furent surmontez en
guerre par l'ayde speciale de Dieu, voire mesme que la pluye qui estoit contraire aux Catholiques, cessa par les prieres du Conte de
Montfort. Et pour laisser les autres particula-
ritez, s'estant ledict Conte offert à Dieu durant
l'offrande de la Messe, auec ces paroles ou semblables : Ie consacre ce ioùrdhuy mon corps &

Hist. Al-
big.c.127.

mon ame à Dieu, s'en alla accōpaignie de huict
cens hommes à cheual seulement, tant maistre
que seruiteurs, & bien peu, ou point de gens de
pied, ayant receu la Benediction de l'Euesque
de Comminge homme d'admirable saincteté,
& s'estant tous les soldats confessez, faisant aussi tout lé Clergé ce temps pendant tresferuente
oraison à Dieu : & ainsi appareillez ils descon-
firent vn nombre incroyable d'ennemis, le Roy
d'Arragon excommunié y demeurāt sur la place, auec bien vingt-mille hommes, qui ou pas-
serent par le tranchant de l'espee, ou furēt sub-
mergez. Ie prie nostre Seigneur, qu'autant en
puisse-il prendre à Henry, & aux siens, s'ils ne se
veullent corriger à bon escient, & recognoistre la puissance de Dieu & de son eglise.


AMy Lecteur, puisque en lieu de preface,
nous t'auons proposé celle Epistre notable de S. Basile le grand, nous n'auons
sçeu trouuer depuis aucune chose qui fust plus
à propos pour la conclusions de nostre petit
œuure, qu'vne partie de l'Epistre huictiesme
de S. Anselme, afin que comme nous auons
commencé de confirmer nostre dire par vn pere de l'Orient, nous finissions aussi par vn de
l'Occident.

www.ingramcontent.com/pod-product-compliance
Lightning Source LLC
LaVergne TN
LVHW020442060726
842525LV00005B/1497